NAISSANCE

DE

NAPOLÉON IV,

PAR

Édouard BOUSCATEL.

PARIS,

BOUCQUIN, IMPRIMEUR, RUE DE LA SAINTE-CHAPELLE, 5.

—

1856.

NAISSANCE

DE

NAPOLÉON IV,

PAR

Édouard BOUSCATEL.

PARIS,

BOUCQUIN, IMPRIMEUR, RUE DE LA SAINTE-CHAPELLE, 5.

—

1856.

NAISSANCE

DE

NAPOLÉON IV.

———◦≫◦≪◦———

His ego nec metas rerum nec tempora pono,
Imperium sine fine dedi. . . . .
            VIRGILE. *Enéide.*

I.

L'éclair a déchiré la nue,
Et par un ciel calme et serein,
Les foudres ont grondé, la terre s'est émue,
Et sur une foule éperdue
A tonné le canon d'airain.

Comme aux jours du règne héroïque,
Les cloches de la basilique,
Balançant dans les airs leur sublime cantique,
D'échos en échos ont jeté
Un nom par cent voix répété !

Et du séjour du tonnerre,
Descendant libre, radieux,
    L'Aigle a déserté les cieux,
Et s'est abattu sur la terre !

Soudain le monde a retenti.....
Et, comme d'une mer qui gronde,
S'élance une clameur profonde,
Un cri des peuples est parti!

Quel est celui dont la venue
Ebranle la terre et la nue,
Et qui s'annonce en souverain ?

Est-ce un Dieu, fils du ciel lui-même,
Qui, des hauteurs du rang suprême,
Vient racheter le genre humain ?

Pourquoi dans les temples, la foule,
Sans cesse, comme un flot qui roule,
Va-t-elle répandre son cœur ?

Les mains se pressent, les visages
Ont, comme des cieux sans nuages,
Des rayonnements de bonheur :

De la base jusques au faîte,
Les maisons, en habits de fête,
Jettent de fulgurants reflets ;

Des carrefours, de chaque rue,
Le peuple, à flots pressés, se rue,
Assiégeant le seuil d'un palais !...

Oh ! oui, réjouis-toi, peuple ; et toi, prends ta lyre,
Poète, de fleurs couronné.....
Aujourd'hui le ciel a donné
Une épée à la France, une gloire à l'Empire,
A l'Empéreur un nouveau-né !...

II.

Noël ! Noël ! un Enfant vient de naître !
Noël ! Noël ! cris de joie, éclatez !
Un nouveau signe au ciel vient d'apparaître,
Peuples, chantez !

C'est UN NAPOLÉON ! c'est LE FILS DE LA FRANCE !
Son nom, gloire du siècle, a dépassé tout nom !
L'avenir le salue et l'appelle *Espérance* ;
Rome en eût fait l'orgueil de son vieux Panthéon !
Il signifie Honneur et Grandeur et Courage :
Deux fois, il a sauvé la Patrie en péril !
C'est l'astre radieux qui, balayant l'orage,
Ramène les beaux jours, après un long exil !

Héritier de ce nom, flamboyante couronne,
Un Enfant, doux Messie, est venu parmi nous :
C'est un Français de plus !... placé plus près du trône,
Il en fera tomber plus de bienfaits sur tous !

Il entre dans la vie, en héros pacifique,
Annonçant à la terre un avenir nouveau ;
Et, comme aux jours lointains d'un âge symbolique,
La PAIX, rameau puissant, fleurit dans un berceau !

Des signes éclatants marquèrent sa venue :
Pour lui faire un pavois, nos généreux guerriers
Allaient cueillir la mort, et, du haut de la. nue,
L'Aigle, sur cet Enfant, effeuillait leurs lauriers....
Il naquit au milieu des clameurs de victoire....
Sa Mère, en le portant, a vu nos étendards,
Tout fiers de leurs lambeaux et frissonnant de gloire,
Saluer, en passant, l'héritier des Césars !

O toi, qui l'as bercé dans l'aire paternelle,
Mère, réjouis-toi : ton aiglon est éclos !
Un jour, il couvrira le monde de son aile,
Calme, dans la tempête, et grand, dans le repos !
Son front n'est couronné que de son innocence ;
L'avenir est caché sous son rire vermeil,
Ce n'est que la candeur.... demain, c'est la puissance !
Aujourd'hui, le rayon.... mais, demain, le soleil !

Noël ! Noël ! un Enfant vient de naître !
Noël ! Noël ! cris de joie, éclatez !
Un nouveau signe au ciel vient d'apparaître :
Peuples, chantez !

III.

Le Destin a promis la durée à l'Empire !
        Il affermit dans un Enfant
L'avenir de la Race ; et le monde respire
        A l'abri d'un nom triomphant !

O toi qui vis grandir les souverains de Rome,
        Astre de *Jules*, tu pâlis,
Tu t'effaces devant ce nouveau *Fils de l'Homme*,
        Rayon du soleil d'Austerlitz !...

L'Éternité n'est plus au front des *Sept-Collines !...*
        Transfuges des Césars,
Les Aigles sont venus du pays des Sabines
        Guider nos étendards.

Ils ont, découronnant le divin Capitole
        Et le Panthéon,
Revêtu de puissance et ceint d'une auréole
        UN NAPOLÉON !

La Victoire, quinze ans, précéda ses armées ;
Et l'adoptant, on vit les grandes Renommées,
        Trompettes en mains,
Buriner en traits d'or son nom sur leurs annales,
Conduire ses soldats, et de vingt capitales
        Ouvrir les chemins !

Il fut Roi de par lui, Grand de par son épée !
Il dépassa Cyrus, Alexandre, Pompée,
   Tout rêve et toute ambition !
Astre de tout un peuple, il a refait le monde,
Et sa pensée, ardent foyer, lueur profonde
   A résumé sa nation !

Il fit, défit les rois, prit, donna des couronnes ;
Son trône s'appuyait sur un amas de trônes ;
   Et quand le géant chancela,
L'Univers tout entier, entraîné dans sa chûte,
S'affaissant, comme Atlas ébranlé dans la lutte,
   L'Univers tout entier trembla !

IV.

Quand il a parcouru sa brillante carrière,
Et que, sur la nature épanchant sa lumière,
Il a tout échauffé de ses féconds rayons,
Semé la pourpre et l'or où gisaient des haillons ;
Le Soleil, dieu puissant, éternel météore,
Dont l'Univers est plein, que l'Univers adore,
Dépouillant son éclat, affaiblissant ses feux,
Derrière les grands monts se cache sous les cieux ;
De reflets adoucis, il éclaire sa trace,
Et laisse dans les airs, d'où sa splendeur s'efface,
Quelque chose de chaud, de pur et de vermeil,
Présage de retour et d'un prochain réveil !

V.

Aussi, naguère, aux jours où sur notre patrie
Soufflait des factions une haleine flétrie,
La France, dans son deuil, implora le Seigneur,
Qui, d'un nom glorieux fit germer un Sauveur !
D'un bras fort refoulant la vague fratricide,
Il nous abrita tous sous une sainte égide,
Bravant écueils et flots et ramenant au port
Un peuple naufragé qui s'éloignait du bord :
Pour le salut de tous, luttant seul contre l'onde,
Il marcha sur la mer en tempêtes féconde,
Tandis que les marins, éperdus, à genoux,
Criaient, levant les mains : « O Prince, sauvez-nous ! »
    Telle, au temps de miracle où, conduits par Moïse,
Les enfants d'Israël vers la terre promise
Marchaient, dans le désert... la colonne de feu
Brillait, phare allumé par le souffle de Dieu !

VI.

Mais quelle suave harmonie
A retenti sur d'autres bords,
Et, parmi de pieux transports,
Nous jette le nom d'EUGÉNIE ?

D'Espagne, où rit la fleur, où la nue est d'azur,
Descendante du Cid et fille de Pélage,
Une Reine est venue, au front suave et pur,
Apportant les vertus, les grâces d'un autre âge !

Soudain, ainsi qu'aux jours lointains des ménestrels,
Sur la harpe et le luth aux modes éternels,
A vibré son doux nom, étoile de nos fêtes !
Sous ses rayons sacrés les souffrances muettes,
Pauvres fleurs sans parfum, ont relevé leur front
Que ployait le malheur, impitoyable affront !
Chaque jour, la Prière a rencontré l'Aumône,
Ministre bienveillant, sur les marches du trône ;
Point de cri sans écho ! Tout deuil, toute douleur
Près d'Elle a son refuge et va troubler son cœur !
Tous les infortunés savent quelle est ta mère,
Enfant, et ses bienfaits, qui cherchent le mystère,
Font grandir autour d'Elle un si puissant amour,
Que le Ciel est jaloux de la Terre, à son tour !

VII.

Le passé, le présent, tout âge,
Aujourd'hui, demain, comme hier,
Forme un livre, dont chaque page
S'éparpille, en butte à l'outrage,
Comme à l'amour du monde entier !

Et chacun n'a pour se défendre
Devant les arrêts du destin,
Qu'un nom, que l'oubli peut reprendre,
Et tout ce qu'il a pu répandre
De son cœur, le long du chemin !

Environné d'amour, gravé dans la mémoire ,
    Ton nom rayonne sous les cieux ;
Il emplit de clartés les feuillets de l'Histoire,
Il s'est fait, en vingt ans, tout un passé de gloire ;
    Il est, à lui seul, ses aïeux !

Aussi la France, en deuil de sa splendeur détruite,
D'un foyer mal éteint ressuscitant le feu ,
Alla chercher, un jour, la grande ombre proscrite,
    Et d'une cendre fit un dieu !

A la colonne veuve on rendit sa statue !
Le peuple enfin parla... si haut , que cette voix
Arracha de l'exil la Race disparue
    Et la remit sur le pavois !

VIII.

O Dieu, qui tiens les destinées
De tous les peuples dans ta main,
O toi, qui sèmes les années,
Et sais ce que garde demain !

Seigneur, qui protéges la France,
Sur cet Enfant, douce innocence,
Frêle tige, notre espérance,
Veille, Seigneur, avec un saint amour !

De ce berceau, barque fragile ,
Où dort, sur la vague mobile,
Un nouveau-né, tendre et débile,
Il peut sortir quelque Moïse, un jour !

Ce regard, qui ne rit qu'aux Anges,
Renferme peut-être un éclair :
Ce bras, environné de langes,
Peut-être agitera dans l'air
La forte et glorieuse épée ,
Qui burinait notre épopée
Du bout flamboyant de son fer !

Ce front est peut-être un abîme ,
Où se façonne grand, sublime,
Un siècle de héros géants !

Qui sait si, dans cette pensée,
Ne bout pas la lave amassée
Au fond des cratères béants ?

S'il n'en doit pas un jour éclore
Quelque chose de surhumain ;
Et si cette naissante aurore
N'est pas le soleil de demain ?

Glorieux rejeton d'une Race féconde,
Il peut, à nos regards surpris ,
Dans Paris enfermer, vassal géant, le Monde,
Et sur lui répandre Paris !

Arrangeant à son front trop large une couronne,
       Peut-être qu'un jour cette main.
Des trônes écroulés ne fera plus qu'un trône,
       Et qu'un peuple du genre humain !

Peut-être que Moscou, Vienne, Milan et Rome,
       Et Constantinople et Berlin
Viendront, une fois l'an, rendre hommage à cet homme,
       Maître, à son tour, de leur destin !

IX.

Peut-être.... Mais vous seul savez ce que *peut-être*
       Recèle de mystérieux;
Ce qu'il en doit germer, et ce qu'il doit en naître,
       Est encor caché dans vos cieux !

Vous seul savez, Seigneur, si ce Fils de la terre,
       Dédaignant un sanglant laurier,
       A l'ombre d'un règne prospère,
Ne fera pas grandir le fécond olivier !

Si ce rêve fameux, où tout héros se berce
       D'englober, un jour, l'Univers;
De conjurer les coups de la fortune adverse,
       D'étonner vingt peuples divers;

Il ne l'atteindra pas plus grand, plus magnifique,
        Par le Commerce et par les Arts,
Et s'il ne doit fonder quelque règne magique
        D'un roi sans soldats ni remparts !

        Aux princes vous donnez l'empire
        Et les rêves réalisés ;
        Mais nul que vous ne saurait lire,
        Seigneur, au livre où vous lisez !

        Qu'il règne donc, ce Fils de France !
        Mais que son trône aît des échos
        Pour tout appel, toute souffrance ;
        Qu'il console et soit l'espérance,
        Baume qui calme tant de maux !

        De Dieu ressuscitant l'image,
        Qu'il fasse adorer le nuage
        Qui sépare un roi des mortels ;

        Qu'il aît la sagesse et l'audace,
        Double apanage de sa race,
        Et qui fait les noms immortels !

        Chassez loin de lui la tempête....
        Mais si la foudre sur sa tête

Grondait jamais avec fureur ;
Qu'il la brave, plein d'assurance ;
Soudain se lèverait la France,
Au cri de : *Vive l'Empereur !*

Édouard **BOUSCATEL**.

Paris, 16 mars 185.

L'Empereur a décerné à l'auteur de ce poème une médaille d'or.

Paris. — BOUCQUIN, Imprimeur, rue de la Sainte-Chapelle, 5.